ÉLOGE

DE

PIERRE-PAUL RIQUET,

COURONNÉ PAR L'ACADÉMIE DES JEUX FLORAUX,
DANS LE CONCOURS DE 1809;

ACCOMPAGNÉ DE NOTES
RELATIVES, POUR LA PLUPART, A L'HISTOIRE DE RIQUET,
ET A LA CONSTRUCTION
DU CANAL DE LANGUEDOC:

Par L. A. DECAMPE, de Narbonne,
Professeur de Belles-Lettres, à Toulouse.

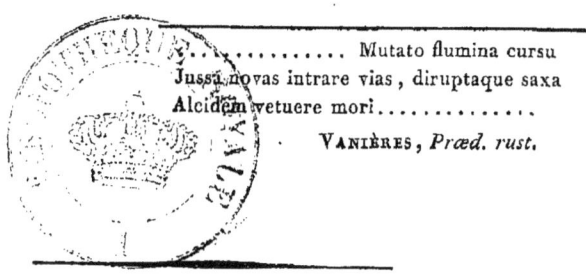

.... Mutato flumina cursu
Jussi novas intrare vias, diruptaque saxa
Alcidem vetuere mori............

Vanières, *Præd. rust.*

A PARIS,

DE L'IMPRIMERIE DE CRAPELET,
rue de Vaugirard, n° 9, près l'Odéon.

1812.

ÉLOGE

DE

P.-PAUL RIQUET.

L'Homme, naturellement avide de grands spectacles, éprouva toujours un secret plaisir à contempler ces hardis monumens consacrés par la main du génie à la vénération des siècles. Mais si ces monumens célèbres eurent un grand objet d'utilité sociale; si le cœur peut y trouver ses jouissances comme l'imagination ses plaisirs, alors un nouveau charme s'attache à leur existence : leur vue élève l'âme, et fait éclore de nobles sentimens.

Telle est l'impression dont ne peut se défendre celui qui, voyageant dans nos contrées méridionales, vient visiter ce canal magnifique, creusé pour réunir les deux mers. On s'arrête avec surprise au bord d'un fleuve créé, dirigé, suspendu par la main des hommes; on aime à s'égarer en des lieux où chaque pas rappelle quelque grand souvenir : et, pendant que la vue erre sur ces ondes magiques, la pensée se plaît à suivre leur cours; elle s'étend comme l'objet qu'elle embrasse; elle va découvrir au loin les flots de la Méditerranée, tandis que, vers l'autre rive, elle croit entendre mugir les vagues du vieil Océan.

Quel homme extraordinaire a pu concevoir une si belle entreprise, se demande le spectateur étonné? quel esprit vaste n'a-t-il pas fallu pour donner le mouvement à tant de bras? Quelle constance pour surmonter tant de traverses? Quelle adresse pour vaincre tant de difficultés?......

Mais combien la surprise augmentera-t-elle encore si l'on

se transporte dans le champ merveilleux de l'invention ; si l'on se représente ce même homme méditant son ouvrage quand il n'existait que dans sa pensée, assignant les sources d'un fleuve dont on n'avait pas même soupçonné les eaux, dirigeant en idée ces ondes dont il était le créateur, embrassant d'un même regard tous les points de cette route imaginaire, prévoyant tous les obstacles, devinant tous les moyens, et voyant déjà flotter la voile en des lieux qui ne connaissaient encore que le soc de la charrue ou la cognée du bûcheron !

Riquet conçoit l'idée d'un canal navigable qui réunirait l'Océan à la Méditerranée. Cette idée se féconde, se développe : elle devient le centre de ses recherches, l'unique objet de ses méditations. Malgré l'état alarmant des finances, malgré l'incrédulité de quelques détracteurs, il ose promettre à sa patrie l'exécution d'un si grand dessein. Sa noble confiance ne sera point démentie : il redouble sans cesse d'ardeur et de courage : les montagnes s'abaissent, les eaux se rassemblent, les fleuves se détournent à sa voix ; et bientôt, aux yeux de l'Europe étonnée, il triomphe à la fois de la fortune, des élémens et de l'envie. Voilà l'histoire de Riquet. C'est celle du génie, procédant selon les lois de la nature, et s'élevant, pour ainsi dire, en un clin d'œil, des germes de l'invention au dernier terme de l'exécution la plus parfaite.

Qu'une autre voix consacre à des objets frivoles les vains prestiges de l'éloquence : ici l'importance de l'éloge naîtra de la grandeur du sujet. Raconter naïvement les faits de ceux qui firent de grandes choses, et qui les firent sans faste, sans ambition, pour les intérêts du peuple et le bien de l'humanité ; c'est rendre à leur mémoire le plus beau de tous les hommages : celui que dicta la reconnaissance, et dont la vérité n'aura point à rougir.

~~~~~~~~~~~~~~~~~~

A peine l'homme, encouragé par l'expérience, commençait-il à se hasarder sur un élément incertain ; à peine osait-il encore tenter au milieu des flots des routes jusqu'alors inconnues, et confier au bois fragile sa vie et ses espérances, qu'il

(3)

dut pressentir les avantages d'un canal artificiel, dont les ondes obéissantes ne connussent ni les dangereuses agitations de l'Océan, ni l'inconstance vagabonde et la capricieuse inégalité des rivières. Bientôt il s'empara de ces eaux fugitives; il les soumit à sa volonté; il leur assigna lui-même la marche qu'elles devaient suivre; et les distribuant avec sagesse et prévoyance, les faisant circuler au gré de ses besoins, prolongeant autour de lui ces veines fécondes de commerce et d'industrie, il répandit sur le sol qu'il habitait le charme d'une création nouvelle.

Ainsi les premiers peuples dont parle l'histoire, connurent et apprécièrent l'utilité des canaux de navigation. Aux extrémités de l'orient je vois, dès l'antiquité la plus reculée, une nation industrieuse étendre par leur moyen ce système de relations intérieures, si nécessaire dans un empire vaste et prodigieusement peuplé (1). Ailleurs, établi sur les bords de deux fleuves célèbres, l'Assyrien, en détournant leurs eaux, ménage entre eux d'utiles communications, et dérobe ses plaines fertiles aux ravages de leurs débordemens (2). L'Egyptien, né, pour ainsi dire, au milieu des ondes, placé vers les confins de deux mers opposées, assis sur les alluvions d'un fleuve régénérateur, a fait d'un art si précieux sa première et sa plus sérieuse étude (3). La Grèce et Rome suivent les traces de ces nations antiques. On ne se borne pas à reconnaître l'utilité des canaux : on y intéresse la gloire des peuples ; on met à les construire une sorte de faste et d'appareil ; et de telles entreprises deviennent comme des témoignages de grandeur et des titres de célébrité.

Mais de tous ces projets que nous offre l'histoire des anciens peuples (4), les uns ne furent point suivis, les autres échouèrent dans leur exécution, un plus grand nombre enfin n'eurent qu'un succès stérile et précaire. C'étaient les premiers essais d'une science incertaine, que le temps et l'expérience pouvaient seuls conduire à sa perfection.

Ce fut dans l'Italie, au milieu du quinzième siècle, et à la veille de la renaissance des lettres, que l'architecture hydraulique sembla prendre tout à coup un essor extraordinaire (5).

Les nations modernes, dirigées vers un nouveau mode de civilisation, aperçurent dans l'usage des canaux mille rapports divers avec l'économie sociale. C'était peu qu'en réunissant des mers séparées, ils épargnassent les dangers d'une longue navigation. Ils ouvraient encore aux provinces intérieures d'un pays, des débouchés pour leurs denrées superflues ; ils y conduisaient les productions étrangères ; ils multipliaient ces échanges nationaux qui font la première richesse des grands états. Ici, par leur secours, on délivrait d'un levain contagieux des terres basses et marécageuses (6) ; ailleurs, une main prévoyante les faisait servir à l'irrigation des terrains ingrats et stériles. Ainsi, des confins de l'Helvétie aux rivages de l'Adriatique, les vastes plaines de la Cisalpine se couvrirent de superbes canaux. Ainsi, du milieu des débordemens du Rhin et des lagunes de Zuyder-Zée, s'éleva sous la main du Batave un sol conquis sur les élémens. Ainsi, lorsqu'il voulut régénérer un peuple agreste et barbare, ce prince à jamais célèbre, le législateur et la merveille du nord, se hâta d'ouvrir ces nombreuses communications qui devaient réunir les parties éloignées d'un empire immense ; répandit par leur moyen les germes du commerce et de tous les arts en des lieux naguère incultes et sauvages, et se promit d'étendre cette chaîne fortunée des bords de la Caspienne aux golfes de la Baltique, et des glaces du pôle aux rives de l'Euxin.

Cependant un projet plus glorieux, un dessein plus grand et plus utile fixait depuis long-temps l'attention des peuples et de leurs souverains. Parcourez les fastes de l'histoire : le Rhône, le Rhin, le Danube, l'Elbe, la Vistule et leurs divers affluens sont tour à tour désignés ou choisis pour l'exécution d'une si belle entreprise. On ne se borne pas à de simples spéculations ; des travaux immenses sont effectués à différentes époques (7). Inutiles efforts !... C'était à notre patrie qu'était réservée la gloire d'exécuter ce que mille autres n'avaient fait qu'entreprendre ; de réaliser enfin tant d'heureux songes, et de donner à l'Europe entière ce nouveau témoignage de sa puissance et de sa grandeur.

Placé sous un ciel enchanteur, couvert de productions

abondantes, arrosé par de beaux fleuves, bordé par des mers différentes qui le rapprochent de toutes les parties de l'univers, le sol que nous habitons était fait pour servir de centre au commerce des deux hémisphères. Nulle part cette union des mers, l'objet de tant de vœux, ne se montrait sous un point de vue plus séduisant. Les contrées méridionales de la France forment un isthme d'une grande surface. Des rivières abondantes, descendant des montagnes voisines (8), coupent diversement cette étendue de pays, et semblaient destinées par la nature à réunir les mers opposées qui reçoivent leurs ondes. Il ne s'agissait que de creuser un canal qui pût faire communiquer un des affluens de l'Océan avec un de ceux de la Méditerranée. Mais le terrain s'exhausse tout à coup vers le milieu de l'isthme, et présente une longue chaîne de collines qui va se rattacher aux Pyrénées après avoir séparé les eaux tributaires des deux mers. Ce fut toujours là l'écueil contre lequel vinrent échouer tous ces projets faits en des temps où l'art parmi nous était encore à son enfance. En vain les monarques les plus puissans, les ministres les plus célèbres envièrent tour à tour ce nouveau titre de gloire, et voulurent attacher leur nom à l'accomplissement d'un si grand dessein (9). Toujours quelque raison d'état, quelque guerre intestine ou étrangère en suspendirent l'exécution; ou, pour mieux dire, tout demeura sans effet, parce qu'on apercevait seulement l'importance de l'entreprise, et qu'on ne savait pas trouver de moyens capables d'en garantir le succès.

Pour résoudre un pareil problème, il fallait un de ces hommes que la nature avare ne produit que par intervalles; de ces hommes qui joignent aux dons du génie assez de vertu pour vouloir le bien, assez de courage pour l'entreprendre, assez de constance pour l'exécuter : et cet homme extraordinaire, la France le vit naître dans son sein.

On était arrivé à ce siècle éternellement célèbre dans les fastes de la littérature et des arts, qui devait égaler les beaux jours de Rome et de la Grèce, et prendre sa place dans l'histoire à côté des siècles d'Auguste et de Périclès. Déjà brillait l'aurore de ce jour éclatant qui dissipa pour jamais les ténèbres de l'ignorance et de la barbarie. Corneille sur la scène, Bossuet dans la chaire, Patru dans le barreau, Descartes dans les espaces de la philosophie, Condé dans les champs de Rocroy venaient d'ouvrir la lice où devaient descendre tant de grands hommes, et faisaient admirer et respecter au loin ce nom français qu'allaient bientôt illustrer tous les genres de gloire.

Ce fut dans ce siècle si digne de le posséder, que Riquet se montra tout à coup aux regards de la nation étonnée (10). Avec une âme noble et généreuse, un cœur droit et un jugement solide, il eut en partage un de ces génies rares qui se développent spontanément, et puisent en eux-mêmes toutes leurs ressources. A ces qualités distinguées il joignait une certaine souplesse d'organes dont le hasard se plaît quelquefois à faire la compagne des talens; une vivacité peu commune; une franchise digne des premiers temps, qui se répandait sur toute sa conduite, et prêtait un nouveau charme à ses discours et à ses actions. Dès ses premières années, ses parens le destinèrent aux finances. Mais la trempe de son caractère, la disposition naturelle de son esprit, cette voix secrète qui se fait entendre à l'homme au commencement de sa carrière, et décide souvent du reste de ses jours, appelaient Riquet à de plus hautes destinées. Il sentit ce qu'il était par lui-même; il devina tout ce qu'il pouvait devenir; et, sans cet heureux pressentiment d'une âme privilégiée, Riquet n'eût été peut-être qu'un citoyen vulgaire, et notre patrie allait avoir un grand homme de moins.

Riquet n'eut d'autre maître que la nature. Elle seule l'avait rendu géomètre; et les occupations de sa vie ne changèrent rien à ses goûts (11). Mais, pour développer ce germe fécond qui devait enfanter tant de prodiges, il fallait adopter un projet capable d'exercer l'étendue et la diversité de ses moyens. Ce projet fut bientôt conçu; Riquet en sentit toute l'importance: il y mit ce noble intérêt que les grandes âmes savent apporter aux grandes choses. Loin d'être intimidé par l'exemple de ses prédécesseurs, il ne fit qu'ambitionner de plus en plus la gloire d'une telle entreprise; il recueillit toutes ses forces pour se mettre au-dessus de ses nombreux obstacles, et ne craignit pas d'entrevoir des succès et des jouissances où l'on n'avait encore aperçu que des entraves et des difficultés.

Tel est l'ascendant de ces génies créateurs que le sort semble avoir destinés à changer la face du globe. Entraînés par un penchant irrésistible, guidés par une invisible main, eux seuls ont le droit de franchir les limites où tant d'autres s'arrêtèrent. Ils s'ouvrent une carrière nouvelle ; ils s'élancent par un mouvement naturel hors du cercle ordinaire, trop étroit pour les contenir. Cet instinct sublime des grandes découvertes leur tient lieu d'expérience. Leurs soupçons sont des certitudes ; leurs rêves sont d'heureuses réalités ; et le ciel qui les inspire se plaît à préparer dans leur sein la destinée des empires et la fortune des nations.

Le hasard contribua lui-même à conduire RIQUET vers une fin si glorieuse. La position d'une partie de ses biens au pied de la montagne Noire le mit à portée d'étudier la marche naturelle de ses eaux, d'en examiner les sources, les penchans, la direction générale ou particulière, et d'observer la position topographique des terrains environnans. C'était là qu'il venait d'un œil attentif épier les secrets de la nature, et chercher le silence et le recueillement nécessaires aux méditations profondes et aux sublimes conceptions : là fut enfin résolu le grand problème de la jonction des mers ; et, du fond de cette retraite ignorée, sortit ce projet si vaste, ce plan si lumineux et si heureusement conçu, d'un monument qui devait illustrer la France, étonner l'Europe, et transmettre à la postérité la plus reculée le souvenir de son auteur.

Si RIQUET avait déployé dans un degré si éminent le zèle infatigable des recherches, il eut la constance, peut-être plus rare encore, de résister à ces tentations violentes qui nous font un besoin pressant de publier nos découvertes. (12). Il aurait craint sans doute que, s'échappant de ses mains avec trop de précipitation, son projet n'eût les apparences d'une chimère, et ne manquât en effet de cette exactitude, de cette profonde justesse qui devaient en faire tout le succès.

Ses desseins une fois arrêtés, il les médita dans le silence, les mûrit par la réflexion, les confirma par des essais dont les vestiges subsistent encore, et parut attendre, pour en solliciter l'exécution, cette époque glorieuse où la France, sous un jeune prince, élevée au plus haut point de grandeur, victorieuse au dehors, paisible et fortunée au dedans, allait devenir la merveille de l'Europe et l'exemple de l'univers.

Elle est enfin venue, cette époque à jamais mémorable ; et tout a déjà ressenti son heureuse influence. Une cour guerrière et polie est devenue le foyer des lumières, le centre et le modèle de la véritable grandeur. Assis au pied du trône entre le monarque et le peuple, un homme né pour gouverner les empires étend sur toutes les branches de l'administration ses regards actifs et pénétrans. Il relève le commerce, ranime l'industrie, encourage les talens, accueille et protége le mérite. C'est à lui que Riquet va confier ses secrètes pensées (13). Dans un de ces écrits où l'homme qui sent vivement laisse empreints son âme et son caractère, il lui déroule son plan tout entier ; il analyse les difficultés qui jusqu'alors ont arrêté tous ses prédécesseurs ; il fait voir en quoi les projets antérieurs ont dû demeurer impraticables ; et démontre, en développant des idées nouvelles, la possibilité de ce canal si long-temps et si vainement désiré. Tout cet exposé était écrit avec cet abandon, cette franchise, cette heureuse naïveté qui ne manque ni de force, ni de chaleur, et qui caractérisa toujours le vrai génie. Colbert en fut vivement frappé. Ce ministre si digne d'éclairer les conseils du plus grand monarque de son siècle, cet homme auquel il ne manqua, pour être mieux jugé, que des temps plus favorables et des esprits moins prévenus, ne put refuser son admiration à des projets si hardis, et présentés avec tant d'intérêt et de clarté. Il devina tout ce que valait Riquet ; il partagea son noble enthousiasme, et le fit passer sans effort dans le cœur d'un prince avide de gloire, à qui ne pouvait manquer de plaire tout ce qui portait avec soi le caractère de la vraie grandeur.

Aussitôt une commission est nommée pour l'examen des

projets. Le jour arrêté brillait à peine, on se transporte sur les lieux malgré les approches de l'hiver. On vérifie, on mesure, on calcule. Des montagnes à la plaine, des rives du fleuve aux plages de la Méditerranée, le compas et le niveau suivent lentement la route que tracèrent les rêves d'un grand homme ; et bientôt vont paraître, dans tout leur éclat, la profondeur des desseins de Riquet, l'étonnante élévation de ses vues, et cette justesse d'invention que les opérations les plus exactes ne pourront démentir un seul instant.

Qu'on se représente la surprise et l'allégresse du peuple au passage de ces nouveaux voyageurs. Partout une multitude empressée accourt du sein de ses remparts pour venir admirer un spectacle qui promet tant de merveilles. On s'enivre déjà de la joie du succès ; on semble jouir d'avance des bienfaits de l'avenir. Heureux habitans de l'Occitanie, vos vœux ne seront point trompés ; un grand homme est aujourd'hui le garant de vos espérances. Le voyez-vous ? c'est celui qui se montre à la tête de ce nombreux cortége ; celui qu'environnent tous les regards, qu'interrogent toutes les bouches ; qui s'éloigne, qui revient, qui étend une main prophétique sur le sol que vous habitez. C'est lui qui réunira des mers éloignées devant votre modeste héritage ; qui creusera des ports où vous recueillez vos moissons, conduira des forêts de mâts jusque dans l'enceinte de vos murailles, et rassemblera sous vos toits paisibles les dons précieux de l'aurore et les heureux tributs de l'occident.

Mais on est parvenu sur le point élevé qui domine les deux mers. C'est de là que s'est élancé le génie de Riquet pour embrasser à la fois toutes les parties d'un projet si vaste. C'est là qu'il a fixé le centre de sa grande entreprise ; qu'il espère voir s'élever un jour les murs d'une ville florissante ; et qu'il doit, du milieu de cette cité nouvelle, envoyer dans nos champs étonnés des ondes étrangères auxquelles la nature avait assigné d'autres bords (14). Il s'arrête. On l'écoute en silence : et, promenant ses regards sur les objets qui l'environnent, il expose avec une noble assurance les grands principes d'où découlent tous ses desseins, et déploye les ressources prodigieuses d'un art qu'il ne devait qu'à lui-même.

Cette barrière importune qui semblait mettre au projet de communication des entraves éternelles, était le premier obstacle que Riquet avait dû surmonter. Il le fit en homme de génie ; et c'est ici que, dès les premiers pas de sa carrière, il se montre réellement créateur. Il cherche d'abord un des points les moins éminens de la chaîne, sur lequel devait être établie la partie la plus élevée du canal qu'il méditait : il imagine d'amener à ce point des eaux supérieures capables d'entretenir la navigation sur les deux pentes opposées. Mais il sait que, vers le midi, les rivières qui descendent des Pyrénées coulent dans des vallées d'un niveau trop bas ; et ses yeux sont déjà fixés sur l'extrémité de la montagne Noire, dont les flancs couverts de forêts donnent naissance à plusieurs ruisseaux dirigés en partie vers l'Océan, et en partie vers la Méditerranée. Riquet saisit habilement la ligne intermédiaire qui forme les confins ou la nuance des deux penchans. Il s'assure de la possibilité de détourner le cours de ces eaux ; de les enchaîner près de leurs sources ; de les faire aboutir au même centre pour les recueillir dans un commun récipient, et de leur tracer lui-même une route nouvelle jusqu'au lieu dont il a résolu de faire son *point de partage* (15).

Voilà l'idée entièrement neuve qui caractérise le projet de Riquet, et qui, par sa justesse autant que par sa singularité, suffisait seule pour assurer sa gloire.

Les députés du monarque s'étonnèrent, et de cette hardiesse ingénieuse, et de la précision avec laquelle il avait combiné toutes ses inventions. Mais ils étaient alarmés de ce nombre infini d'obstacles, et des frais immenses qu'entraîneraient la longueur et la difficulté des ouvrages. Il fallait construire plusieurs réservoirs ; fermer plusieurs vallons par des digues, pour retenir et élever les eaux ; aplanir, pour les conduire, un sol constamment inégal ; percer enfin la montagne elle-même pour leur ouvrir des routes. On craignait, au moment d'entreprendre cette tâche effrayante, que le succès ne demeurât incertain, et que tous les raisonnemens ne fussent démentis par l'expérience. C'est ce qui fit naître l'idée d'une petite rigole d'essai qui dériverait en partie les eaux de la montagne, et les conduirait au lieu désigné, selon la marche projettée.

Riquet ne vit dans cette nouvelle mesure qu'une entrave de plus à l'exécution de son grand dessein. On connaît cette ardeur impatiente si naturelle aux génies supérieurs. Qui ne sait que la lenteur des dispositions peut faire avorter la plus belle entreprise? Et qui pouvait enfin répondre qu'une épreuve si délicate ne serait pas confiée à des mains inhabiles ou infidèles? Pour son repos et pour sa gloire, Riquet se charge de l'exécuter lui-même : il fait plus ; il offre d'en supporter les frais, si le succès venait à tromper ses efforts. « Je conçois « la chose, écrit-il au ministre, d'autre manière que les « autres, pour l'avoir long temps étudiée. Je n'y vois pas tous « les obstacles qu'on peut s'imaginer ; et, désirant de faire « voir que je suis assez juste en pensées, s'il est absolument « besoin que j'en fasse la preuve et les avances à mes dépens, « je suis tout prêt à en contracter l'obligation formelle (*).

Riquet ne se borne pas à ces propositions généreuses : il accourt à la capitale ; il n'en revient que pour faire commencer cette épreuve importante (16) ; et bientôt elle est heureusement terminée malgré des pluies abondantes qui n'avaient cessé de contrarier ses efforts.

Ce fut là le triomphe de Riquet. Partout on célébra le succès de son entreprise ; partout mille bouches publièrent la gloire de celui qu'elles devaient bientôt calomnier. Le peuple, aveugle dans son approbation comme dans sa censure, ne mit point de bornes à sa joie ; et les personnes éclairées admirèrent l'adresse avec laquelle une main puissante avait su maîtriser des rivières, et changer à son gré le système topographique des montagnes et des coteaux.

Louis, voyant que tout semblait réclamer l'exécution d'un

(*) Lettre à M. de Colbert, du 27 novembre 1664. (*Archives du Canal.*)

si grand dessein, allait enfin céder aux vœux de la nation empressée. Mais un nouvel obstacle se présente, plus à craindre peut-être que tous les autres. Le trésor royal était épuisé ; et les États de Languedoc, craignant de faire des sacrifices inutiles, refusaient de contribuer aux frais d'une entreprise dont leur pays devait retirer tout le fruit (17). L'envie, toujours habile à saisir les circonstances, soufflait dans tous les cœurs ses poisons contagieux, et ne cessait de répandre les doutes et les calomnies. Ce projet, repris tant de fois et tant de fois abandonné, se voyait menacé d'un nouveau naufrage. En ce moment critique, RIQUET ne se manqua point à lui-même. Il ne balance pas à se sacrifier entièrement au succès d'une entreprise à laquelle il avait attaché toute sa gloire, et voué toute son affection. Il ne se borne pas à présenter des plans ; il se charge de les exécuter : il ne craint point d'affronter les orages qui se rassemblent sur sa tête ; il ranime cette première ardeur qui commençait à s'éteindre ; il indique des moyens sûrs pour soutenir la dépense sans nuire aux finances de l'état. Enfin, paraît un édit pour la construction du canal (*). La France entière exprime son allégresse ; et l'autorité souveraine dépose entre les mains de RIQUET les intérêts du trône, les espérances de la patrie, et les soins de sa propre grandeur.

Ici se présente un nouveau spectacle. Vous allez voir tout ce que peuvent dans un simple citoyen le sentiment de la gloire, l'amour du bien public, ce généreux dévouement qui ne craint point d'acheter, au prix du repos et de la fortune, le droit de servir la patrie, et de travailler pour la postérité.

Dès l'instant où cette grande entreprise est confiée à ses soins, RIQUET se croit responsable au monarque et à la nation de l'emploi de tous ses momens. Ne croyez pas qu'il se contente de remplir les obligations que lui impose le titre dont il est revêtu. RIQUET serait trop au-dessous de lui-même, s'il bornait son ambition à ne faire que son devoir.

(*) Du mois d'octobre 1666. Les travaux furent commencés le premier janvier suivant.

Il veut encore embellir, améliorer, perfectionner toutes les parties de l'ouvrage : et ce n'est que pour cette fin glorieuse qu'il s'est réservé le pouvoir d'abandonner les plans arrêtés, et de n'y soumettre sa marche qu'autant qu'il le jugera nécessaire (18) : privilége honorable, plus flatteur mille fois pour lui que toutes les récompenses, et qui faisait assez connaître combien l'autorité suprême avait de déférence pour ses lumières et de confiance en son intégrité (19).

Autant Riquet s'était montré supérieur dans l'invention, autant déploya-t-il d'habileté dans cette nouvelle carrière. Ce génie vaste, qu'on aurait cru n'être fait que pour les grandes pensées, parut plus étonnant encore dans les détails infinis de l'administration. On venait admirer comme une espèce de prodige l'ensemble avec lequel étaient conduits tous ses ouvrages, et cet accord merveilleux qu'il avait eu l'adresse d'établir entre vingt mille bras (20). Partout régnait le même ordre, la même harmonie : partout une égale ardeur animait les travaux ; partout on le retrouvait lui-même toujours empressé, toujours infatigable, encourageant les uns, éclairant les autres, inspirant à tous ce noble enthousiasme dont il était transporté. C'était un général habile qui, sans étude préliminaire, et par une sorte d'inspiration, avait su tout à coup commander à des troupes indisciplinées, mettre les lois du moment à la place d'une règle constante ; varier à l'infini ses volontés ; multiplier ses ordres sans les confondre ; et les propager en un clin d'œil sur tous les points d'une étendue immense.

Il fallait creuser en des lieux élevés de vastes réservoirs capables d'alimenter le canal dans les temps de sécheresse, et de fournir tout d'un coup, dans le besoin, la quantité d'eau nécessaire à la navigation. L'utilité de ces réservoirs avait été sentie dès l'origine de l'entreprise. Mais en quel nombre devrait-on les construire ? Quelle place pouvait-on leur assigner ? C'était ce qu'on ignorait encore. Riquet, dont les conceptions avaient toujours quelque chose de grand et d'extraordinaire, imagina de les remplacer tous par un seul d'une capacité proportionnée à son usage. Vers la pente occidentale de la montagne Noire, au milieu des rochers qui furent le théâtre de ses premiers travaux, ses yeux ont découvert un lieu propice à l'exécution de cette grande idée (21). A ses pieds, dans le fond d'un vallon, murmurent les ondes d'un torrent. A droite, de hautes forêts s'élèvent en amphithéâtre. A gauche, une chaîne de collines courbée en demi-cercle embrasse une vaste enceinte, et borde un bassin spacieux dont le fond se termine au pied des hauteurs qui forment les premiers échelons de la montagne. RIQUET pouvait-il désirer une position plus heureuse; et ne semblait-il pas que la nature vînt elle-même au devant de ses vœux?

Mais il fallait encore élever une digue d'une grandeur effrayante, qui, s'étendant d'une chaîne à l'autre, fermât l'issue inférieure du vallon. Ce travail prodigieux n'étonne pas le courage de RIQUET. D'innombrables matériaux sont rassemblés sur le lieu même. Les terres sont transportées; les rochers entiers abandonnent leur place, et viennent s'asseoir sur de vastes fondemens. Bientôt l'imposant boulevard se montre dans toute son étendue. Des conduits souterrains, pratiqués dans l'intérieur de cette montagne artificielle, et placés à des hauteurs différentes, sont destinés à servir d'issue aux eaux qui rempliront le réservoir. Déjà, je les vois qui se rassemblent. Ces torrens gonflés par des pluies soudaines, qui jadis allaient porter dans les campagnes le ravage et la consternation, s'étonnent du frein puissant qui suspend tout à coup leur course vagabonde. Leurs flots indociles, soumis à de nouvelles lois, couleront transformés en sources bienfaisantes; et, grâce à la plus sage, à la plus utile prévoyance, l'été pourra s'enrichir lui-même de la stérile abondance des hivers. Ainsi, dans cette terre antique, dont un fleuve nourricier entretient sous un ciel brûlant la fécondité merveilleuse, un ancien roi, que la providence éclairait sans doute pour les grands desseins, recueillait en un lac immense, les eaux trop abondantes du fleuve; et, dans les temps de disette, pareil aux dieux du ciel, les rendait à la terre altérée (22).

C'était en voyant ce magnifique ouvrage que l'homme du

monde le plus capable de le juger, Vauban, pouvait à peine contenir son admiration et sa surprise. L'illustre ingénieur promenait un œil attentif sur l'ensemble des travaux. Ses regards inquiets semblaient révéler de secrètes pensées. Riquet l'observait avec sollicitude. Il craignait que le maître habile n'eût aperçu quelque défaut, et que quelque chose ne nuisît encore à une perfection si nécessaire. Il lui demande le sujet de ses réflexions. « Oui, lui répond Vauban, je ne saurais le taire ; il manque une chose essentielle à la perfection de ce bel ouvrage : c'est la statue de l'homme admirable qui a pu concevoir et exécuter un projet aussi grand que celui de la jonction des mers (*) ».

Ces paroles sorties d'une telle bouche, et prononcées en un tel moment, n'étaient point une vaine flatterie. C'était le grand homme jugeant le grand homme, le génie rendant au génie le plus beau de tous les hommages ; et prévenant dans un transport sublime l'admiration des siècles et les jugemens de la postérité.

Colbert dont la noble ambition était flattée de tant de succès, Colbert ne perdait pas un moment de vue les progrès de cette grande entreprise. Dans ses lettres multipliées il ne cessait de prodiguer à l'auteur les marques les plus sincères d'estime et de bienveillance. Mais, faut-il l'avouer à la honte de notre patrie ? il n'appartenait qu'à quelques esprits supérieurs de savoir apprécier Riquet : tout le reste semblait ne le connaître que pour le contredire ou le calomnier.

Dès le premier examen des projets, on avait cru qu'il conviendrait d'établir le canal dans le lit des rivières dont il devait suivre le cours (**). Cette marche paraissait la plus naturelle, et celle qui exigeait le moins de travaux et de dépenses. Mais Riquet prévit les dangers d'une telle direction. Ce n'était ni les procédés les plus faciles, ni les moins coûteux

---

(*) Voyez ce fait rapporté dans l'*Encyclopédie méthodique*, vol. 4 de l'*Histoire*, au mot Riquet.

(**) Telles que le petit *Lers* ou *Lers mort*, du côté de la Garonne ; et le *Fresquel* et l'*Aude*, du côté de la Méditerranée.

qu'il cherchait, mais ceux qui assuraient la durée et la perfection de l'ouvrage. Non-seulement il ne profita point du lit dés rivières ; il se défia même de leur dangereux voisinage : il se tint constamment au-dessus de leur niveau, pour éviter leurs inondations ; et, s'il ne put se dispenser de les employer quelquefois, l'expérience a du moins fait voir combien ses craintes étaient fondées.

Cependant, que d'invectives amères, que de satires envenimées n'eut-il pas à soutenir quand on vit qu'au lieu de suivre la pente naturelle des terrains, il se traçait un chemin que n'avait pas indiqué la nature ; qu'au lieu de se servir de lits déjà tout faits, il préférait en creuser à grands frais de nouveaux ; qu'au lieu de descendre d'abord dans les vallées et les plaines, il se tenait sur le penchant des collines où les travaux étaient bien plus difficiles, et où il s'agissait d'entamer des rochers, et non de sillonner des terrains d'alluvion ! On ne vit dans cette conduite sage et prudente qu'une bizarrerie ridicule, que des spéculations fausses et mal entendues, comme on ne voyait dans son dévouement que de la folie ; dans sa constance, que de l'entêtement ; dans ses changemens judicieux et réfléchis, que des preuves de son inconséquence. Quelle est cette fatalité cruelle attachée à la destinée des grands hommes ? Le ciel a-t-il donc voulu, pour consoler la médiocrité, que les découvertes glorieuses et les belles entreprises heureusement terminées eussent pour première récompense la calomnie et la persécution ? On a dit il y a long-temps que ce n'était que malgré nous qu'on pouvait nous faire du bien. Riquet devait en faire la triste expérience. Jusqu'au dernier jour de sa vie il fut en butte aux sarcasmes des envieux, des mécontens, des esprits chagrins et caustiques, de cette espèce d'hommes sans âme et sans opinion, qui ne peuvent se résoudre à croire au mérite des autres, et qui, incapables d'admiration et d'estime, se contentent d'être les échos de la calomnie et les instrumens de la méchanceté. Dès l'époque à laquelle il avait publié ses projets, on l'avait traité de visionnaire ; plus tard, on ne cessa de répandre de la défaveur sur ses travaux, de lui supposer des fautes, de lui reprocher des erreurs, et de révoquer en doute le succès de de sa grande entreprise. RIQUET laissait crier les malveillans, et leur répondait par des prodiges : heureux s'il n'avait jamais eu que l'envie à confondre et la calomnie à repousser ! Mais la fortune le destinait encore à de plus cruelles épreuves.

Des guerres glorieuses peut-être, mais toujours ruineuses, absorbaient les revenus de l'Etat (23). RIQUET, réduit à ses propres ressources, se vit bientôt dépouillé d'une immense fortune par ses généreux sacrifices et ses constantes améliorations. « Mon entreprise », écrivait-il au ministre avec sa franchise ordinaire, « mon entreprise est le plus cher de mes » enfans. Ce qui est si vrai, qu'ayant deux filles à établir, j'ai » préféré les garder chez moi, et consacrer aux frais de mes » travaux la dot que je leur avais destinée (*) ». Enfin, parvenu dans peu de temps au terme de ses facultés, obligé de recourir à des emprunts onéreux, repoussé par l'ingratitude et la méfiance, trouvant à peine un dernier asyle dans les consolations de l'amitié; tout semblait s'être fait une loi de l'abandonner, excepté son courage et son héroïque persévérance. On se rappellera toujours que, malgré ce nombre infini d'obstacles qui ne cessaient de se multiplier sous ses pas, la marche de ses travaux ne fut pas un moment interrompue. On dira que, pendant que sa renommée était en butte aux traits de la jalousie et de la malignité; que, lorsque le Gouvernement le délaissait pour se consacrer tout entier à la guerre; RIQUET, soutenu sans doute par le sentiment de sa grandeur, ne diminua rien de son ardeur et de ses soins, et sembla trouver dans son âme de nouveaux secours et de nouvelles espérances. Dans ces extrémités accablantes où l'homme, après tous les élans de l'enthousiasme, tous les efforts du courage, tous les sacrifices de la vertu, se voit contraint de faire un triste retour sur lui-même, et de

---

(*) *Archives du Canal*, A. CC. RIQUET, à la même époque, écrivait naïvement à M. d'Aguesseau, intendant de la province : « On pourra » dire dans le monde que j'ai fait un canal pour m'y noyer avec toute ma famille. » (*Archives du Canal.*)

mesurer avec effroi le chemin qu'il osa parcourir ; dans cette position désespérée où les bonnes intentions s'évanouissent, où la nature, long-temps combattue, se hâte de reprendre ses droits, où la gloire n'est plus qu'un fantôme et l'opinion des hommes qu'une chimère, où les misères restent seules, et trop souvent avec elles le pénible regret de s'être immolé pour des ingrats ; dans ce cruel abandon, ce dénuement funeste, l'épreuve des grands caractères et l'écueil des grandes vertus, Riquet ne se démentit pas un instant. Que dis-je? Il ne parut jamais plus grand ni plus admirable. Toujours enflammé d'un nouveau zèle ; toujours déployant le même génie et la même activité, on le voyait, ici, faire passer son canal sur des fleuves, et construire ces *ponts-aquéducs* dont l'existence tient du prodige (24); là, le fer à la main, lui tracer une route victorieuse au milieu des rochers et jusque dans le flanc ténébreux des montagnes (25); plus loin, le conduire avec mesure et par degrés de la cime des monts au niveau de la plaine (26); ailleurs, le diriger à travers l'onde amère, et, sur le rivage des mers, ouvrir aux richesses de l'Orient un port spacieux et commode (27).

Enfin, tous les obstacles étaient surmontés; toutes les difficultés étaient vaincues : l'ouvrage touchait à sa fin. Riquet près de jouir d'une gloire si chèrement achetée, allait recueillir les bénédictions des peuples, et recevoir le prix tardif de sa constance et de ses généreux efforts..... C'était là que l'attendait l'arrêt irrévocable des destinées. La mort vint le frapper à la veille d'un si beau triomphe, et ne permit pas qu'il fût le témoin de sa propre élévation. Riquet avait assez vécu pour la patrie : il vit approcher sa dernière heure avec le calme et la résignation d'une ame vertueuse : il y trouva l'espérance d'un plus heureux avenir, et cette confiance admirable qu'inspire à l'homme de bien la conscience de sa conduite passée.

Les larmes des citoyens avaient coulé : Riquet n'existait plus que dans le souvenir de ses amis et d'une famille chérie : mais ses bienfaits ne devaient pas être perdus pour la postérité. Les travaux du canal ne furent point suspendus. Six mois après la mort de son inventeur, les descendans, fidelles

à leur devoir, l'eurent rendu totalement navigable; et bientôt la France entière célébra l'inauguration solennelle de ce superbe monument (28). Alors, rien ne manqua plus à la gloire de Riquet. L'envie qui poursuit quelquefois les grands hommes jusque dans la tombe, semblait s'être pour jamais arrêtée devant celle de ce mortel bienfaisant. Le peuple pénétré de joie et de reconnaissance, du milieu de ses fêtes le redemandait au ciel. On se rappelait ces belles paroles qu'un homme également recommandable par sa naissance et par son mérite prononçait devant une auguste assemblée dès l'origine de l'entreprise. « (*) Autrefois, dit-il, on cherchait de toutes parts
» des hommes intelligens dans la conduite des eaux, pour
» couper des montagnes et embellir des palais que l'on bâtissait
» du sang des peuples. Aujourd'hui, l'on détourne le cours
» des rivières; l'on rassemble des eaux de toutes parts; on les
» conduit avec soin, artifice et dépense. Mais ce n'est ni pour
» embellir les jardins de Lucullus, ni pour satisfaire au luxe
» de Séjan. Tout se rapporte au bien public, à la grandeur de
» l'état et à la félicité commune. »

Tels sont les sentimens que réveillent encore dans l'ame de tout vrai citoyen la vue de cet immortel ouvrage et le souvenir de son auteur. C'est alors, c'est dans ces momens d'une admiration si légitime, que l'enthousiasme s'empare de tous les cœurs, que le nom de Riquet vient errer sur toutes les bouches. Alors un nouveau Virgile (**) lui consacre les chants de la reconnaissance; un grand homme oublie ses trophées à l'aspect de tant de merveilles, et doute s'il a jamais rien fait pour la postérité (***).

(*) Discours du prince de Conti, gouverneur de Languedoc, à l'assemblée des Etats de la province. 2 décembre 1665.

(**) Le père Vanière, dans son *Prædium rusticum*.

(***) Six mois après la mort de Riquet, en 1686, le maréchal de Vauban, alors commissaire-général des fortifications de France, fut chargé par Louis XIV de venir inspecter le Canal de Languedoc et diriger quelques réparations à faire. Il fut tellement frappé de la beauté des ouvrages, qu'il disait, qu'il eût préféré la gloire d'être l'auteur de ce Canal à tout ce qu'il avait fait ou pourrait encore faire à l'avenir.

Mais, que la fortune est injuste! que le sort tient peu de compte des vertus et des actions des hommes, et que notre vanité va trouver ici de tristes leçons! Les restes précieux de celui qui méritait des statues gisent confondus dans la poussière commune. En vain le voyageur demande-t-il le lieu qui recueillit la dépouille d'un mortel à jamais célèbre. Un siècle a suffi pour nous dérober sa dernière demeure. Son nom seul et les merveilles de sa vie subsistent encore parmi nous. Ah! n'allons pas regretter pour lui les vains honneurs d'une illustre sépulture. Le bras destructeur des années, le torrent des révolutions, les orages de la fortune et de la politique ne respectent point ces décorations extérieures dont nous aimons à parer notre néant. Mais le souvenir des vertus, mais le sentiment d'une gloire à laquelle la vanité n'eut point de part, mais les prodiges de la bienfaisance présens à tous les yeux, les monumens de la reconnaissance élevés dans tous les cœurs; voilà les trophées que ne détruiront ni le temps ni l'envie; voilà les titres qu'apporte Riquet à l'admiration de la postérité; et sa grande ame n'en désira jamais d'autres.

Il est cependant un tribut solennel qu'une nation éclairée aime à payer à la mémoire des grands hommes; il est un hommage glorieux et respectable, que l'adulation ne peut corrompre, que l'autorité ne peut usurper. C'est la dette sacrée de la patrie; c'est la plus douce espérance des ames généreuses; la récompense et l'aliment des talens et des vertus. Riquet, dont l'existence entière fut vouée à la persécution, dont la mémoire elle-même ne put toujours échapper à l'envie; Riquet, après une si longue épreuve, va recevoir enfin cet éclatant témoignage de l'estime et de la vénération publique. Pendant qu'un ancien corps littéraire appelle sur sa tombe les jeunes athlètes qui doivent célébrer sa gloire, et que les guirlandes d'Isaure sont déjà tressées pour le front des vainqueurs; on prépare au buste de cet illustre citoyen une place distinguée dans cette antique métropole, à la prospérité de laquelle il consacra tant de veilles et de travaux. Qu'elle se montre à nos regards cette image précieuse, qui doit le faire revivre parmi nous. Que Riquet fier d'habiter encore les murs de sa patrie adoptive, vienne prendre sa place au sein de cet auguste Panthéon de la cité Palladienne. Il embellira par sa présence ce sanctuaire respectable des lois, des beaux-arts et des lettres. Il augmentera cette cour brillante et nombreuse que les années semblent avoir pris plaisir à rassembler autour du vainqueur de l'Europe et du sauveur des Français. Les étrangers qui viennent admirer un si beau spectacle, y goûteront un nouveau charme, y trouveront un sentiment de plus (29).

Ainsi tu jouiras de toute ta gloire, ombre fortunée ; ainsi, contemplant ton image près de celle d'un héros véritable, tu croiras vivre une seconde fois dans le siècle des grands hommes et des grandes choses ; tu pardonneras à ta patrie d'avoir pu produire des envieux et des ingrats ; et tu verras enfin, qu'il n'appartient qu'à la postérité, toujours équitable, de récompenser dignement la vertu modeste, les talens utiles, et les illustres bienfaits.

FIN DE L'ÉLOGE.

NOTES.

Page 3. — Note 1.

Nous ne pouvons pas douter que l'art de creuser des canaux ne remonte, chez les Chinois, à la plus haute antiquité. Suivant leur livre sacré intitulé *Chou-King*, on voit qu'après le déluge d'Yao, plus de 2300 ans avant l'ère vulgaire, on travailla à faire écouler les eaux par des canaux dans toutes les parties de l'Empire. En des siècles postérieurs, furent creusés des canaux magnifiques, dont la plupart subsistent encore; et, déjà, avant l'arrivée des Tartares-Mongoux à la Chine, c'est-à-dire, avant l'an 1260, on y avait exécuté, en fait de canaux, les choses les plus difficiles et les plus admirables. Il paraît, par les relations des voyageurs, que les Chinois avaient imaginé avant nous les écluses, qui sont une partie essentielle des canaux navigables, et qu'en architecture hydraulique, comme dans la plupart des autres arts, ils ont devancé, sinon surpassé les nations Européennes.

Page 3. — Note 2.

Canaux du Tigre et de l'Euphrate. Au dessus du confluent de ces deux fleuves, le Tigre coule sur un plan moins élevé que le lit de l'Euphrate : aussi arrivait-il, dans le temps des crues, que les eaux de ce dernier, surmontant leurs bords, allaient à travers la plaine se jeter dans le lit du Tigre : ce qui convertissait en une espèce de mer le pays d'entre les fleuves. Pour remédier à cet inconvénient, et pour ouvrir en même temps entre les deux fleuves une communication utile à la navigation, des canaux furent creusés dans la Babylonie à différentes époques. Il en existait déjà du temps de Nabuchodonosor. Alexandre les répara et en creusa de nouveaux. Les Empereurs Trajan, Sévère et Julien travaillèrent chacun à leur tour à rouvrir cette ancienne communication.

Page 3. — Note 3.

Les Egyptiens ont eu des canaux dès la plus haute antiquité. La disposition topographique du pays qu'ils habitaient, les travaux nécessaires pour opérer l'arrosage de leurs terres par le moyen des eaux du Nil, durent les familiariser de bonne heure avec la science des canaux. Au rapport de Diodore (*Liv.* 1), un de leurs anciens rois, nommé Nilus, se rendit célèbre par le grand nombre de canaux qu'il fit creuser, et par les avantages qu'il sut tirer du fleuve qui retint son nom, et portait auparavant celui d'Ægyptus. Dès le règne des premiers rois d'Egypte dont l'histoire commence à parler avec quelque certitude, on voit toute la contrée, et particulièrement la Basse-Egypte, couverte de canaux innombrables. Plusieurs auteurs ont avancé même que les différentes embouchures du Nil, qui forment les divisions principales du Delta, furent creusées de main d'homme. Aristote dit formellement que de ces embouchures, qui sont au nombre de sept, il n'existait primitivement que la Canopique, et que les autres n'ont été d'abord que des canaux artificiels. (*Météor. L.* 1, *ch.* 2.) Alexandrie, dont le port fut si long-temps le centre du commerce d'Orient, devait une grande partie de ses avantages à sa position sur des canaux communiquant avec le lac Maréotide et les bouches du Nil. Strabon, qui fait mention de ces canaux, ne dit point s'ils furent creusés par Alexandre, pour rendre sa ville plus florissante, ou s'ils existaient avant lui. Si l'on en croit les historiens, la jonction de la Méditerranée et du golfe Arabique a été entreprise à différentes époques par Sésostris, Psammétichus et Nécus son fils, Ptolémée Philadelphe, Darius fils d'Hystape, la reine Cléopâtre, les empereurs Trajan et Adrien, le calife Omar, etc..... Il paraît même, d'après de nombreux témoignages, que cette communication a réellement existé du temps des califes; mais on ne voit pas que le commerce en ait jamais retiré de grands avantages.

Page 3. — Note 4.

On peut dire en général que, pour abréger la longueur des navigations extérieures, on s'attacha surtout à creuser des canaux partout où deux mers séparées se rapprochaient sensiblement l'une de l'autre, et où quelque péninsule s'avançant au loin dans la mer, prolongeait d'autant la navigation des côtes. En effet, nous venons de voir que les anciens rois d'Egypte, les empereurs romains, et plus récemment les califes, s'occupèrent successivement du projet de joindre la mer Rouge à la Méditerranée, sinon en dirigeant le canal au travers de l'isthme, du moins en le dérivant du Nil par la branche Pélusiaque ou Bubastique. Les Cnidiens, au rapport d'Hérodote, entreprirent de séparer par un canal leur pays de la terre ferme, comme fit Xercès de la presqu'île qui renferme le mont Athos, et comme avaient peut-être fait autrefois de leur péninsule les habitans de Cyzique, dans l'Asie Mineure. Différens peuples, à diverses époques, firent des tentatives pour joindre la mer Caspienne au Pont-Euxin, pour réunir l'Archipel à la mer Ionienne, en coupant l'isthme de Corinthe, et pour ouvrir dans la Chersonèse Taurique une nouvelle communication entre l'Euxin et le Palus-Méotide.

Page 3. — Note 5.

Les canaux d'Italie sont les plus anciens de tous ceux qui existent maintenant en Europe. Les Italiens ont donné, à cet égard, l'exemple aux nations modernes. Ces canaux se trouvent en grand nombre dans le Piémont, dans le Milanais, aux environs de Padoue, de Venise, et de Ferrare. On les fait servir à l'arrosage des terres dans les parties élevées, et au desséchement des plaines dans les contrées basses et humides. C'étoit même là, dans l'origine, leur principal usage, et plusieurs d'entre eux n'en ont jamais eu d'autre. La construction de quelques-uns de ces canaux remonte jusqu'aux douzième et onzième siècles ; mais ce fut vers la fin du quinzième, et au commencement du seizième, que l'Italie vit paraître les plus beaux ouvrages en ce genre. Les deux canaux dérivés de l'Adda et du Tézin, qui forment la communication de ces deux rivières, sont, selon le père Frisi (*Traité des Rivières et des Torrens*), ce que l'architecture hydraulique a produit de plus complet et de plus remarquable en Europe, avant la restauration des arts et des sciences. Celui de l'Adda, appelé canal de *la Martesana*, du nom de la province par laquelle il passe, se fait surtout admirer par les ouvrages d'art, que nécessita l'inégalité des terrains où on le conduisit. Selon les historiens d'Italie, il fut construit par les ducs de Sforce vers le milieu du quinzième siècle. Au commencement du siècle suivant, il fut perfectionné par les soins du célèbre Léonard de Vinci, qui le réunit, près de Milan, au canal du Tézin, nommé *Naviglio Grande*, et y ajouta des écluses d'une invention nouvelle, qui facilitèrent singulièrement la manœuvre des eaux. Ce sont les écluses à double porte, dont on fait encore usage de nos jours, et qui ont été portées au plus haut degré de perfection dans le canal de Languedoc et dans ceux de Hollande. Les Vénitiens en avaient donné le premier exemple vingt ans auparavant, dès l'année 1481, en construisant l'écluse de *Stra*, sur le canal de *Piovego*, près de Padoue.

Page 4. — Note 6.

Les anciens avaient senti les avantages précieux attachés au dessèchement des terrains aquatiques. Ces deux vers d'Horace

.... *Sterilisve diù palus aptaque remis*
Vicinas urbes alit et grave sentit aratrum.

prouvent assez que l'épuisement des marais et les autres ouvrages de ce genre ne sont pas d'invention moderne. C'est ainsi qu'autrefois les Etrusques, en réunissant le Mincio et le Tartaro, avoient formé la célèbre *Fosse Philistine*, qui procura le dessèchement des marais qui avoisinaient le Bas-Pô. Les Romains rétablirent dans la suite ces anciens canaux que les Gaulois avaient laissé combler, et en creusèrent d'autres. Tels étaient, auprès de Rome, le canal de Trajan, qui commençait au-dessous de *Ponte-Mole*, et passait dans les champs du Vatican (Voyez *Pline le jeune, livre VIII, lettre 7.*), et celui qui longeait la voie Appienne, et recevait les fossés d'écoulement des marais Pontins. (Voyez *Strabon, livre V; Lucain, livre III; et Horace, livre I, sat. 5.*) Ce canal a été restauré de nos jours par les soins du pape Pie VI, et le dessèchement s'est opéré. Dans la Basse-Adige, le *Canal Blanc* reçoit les écoulemens des plaines marécageuses du Véronnais; dans le Mantouan, le canal de *Montanara*, qui va de Mantoue au Pô, la *Fossa Alta*, le *Cavo Nuovo*; la *Fossa de' Confini*, sont destinés à un pareil usage; et, dans la Hollande, des canaux d'épuisement servent à évacuer les eaux des terrains connus sous le nom de *Polders*, dont le plan se trouve plus bas que la superficie de la mer et des fleuves.

Page 4. — Note 7.

Tacite nous apprend que, déjà du temps de Néron, *L. Vetus*, un des généraux de l'armée romaine dans les Gaules, avait tenté de faire cette réunion par le Rhône et le Rhin, en se servant de la Saône et de la Moselle. (Voyez *livre XIII,* — 53, *des Annales :* = *Vetus Mosellam atque Ararim factâ inter utrumque fossâ connectere parabat,* etc.) Charlemagne, à l'exemple des Romains, voulut opérer la même jonction entre la mer Noire et la mer d'Allemagne, en réunissant par un canal le Rhin et le Danube. Ce canal devait s'étendre de la rivière d'*Altlhmul*, affluente du Danube, à celle de *Rednitz*, affluente du *Mein*, qui se jette lui-même dans le Rhin, près de Mayence. Une multitude innombrable d'ouvriers y travailla pendant l'été et une partie de l'automne de l'an 793. Mais des difficultés nombreuses et la guerre qui survint, firent abandonner ce projet. On en voit encore des vestiges aux environs de *Dettenheim*, dans le comté de *Pappenheim*, non loin de *Weissembourg*. En l'année 1350, l'empereur Charles IV entreprit, pour le même objet, de joindre le Danube à l'Elbe; et la Pologne, au moyen de ses fleuves, se promit de son côté d'unir la mer Baltique au Pont-Euxin.

Page 5. — Note 8.

Ces montagnes, dont les eaux sont fort abondantes, à cause des pluies fréquentes qu'occasionne dans cette contrée le voisinage des deux mers, sont, les *Pyrénées*, les *Corbières*, et la *montagne Noire*. Il n'est personne qui ne connaisse les Pyrénées, et nous n'en dirons rien ici, parce qu'elles sont à peu près étrangères à notre objet. Les *Corbières* sont des montagnes secondaires dans lesquelles on ne doit voir qu'une appendice des Pyrénées, auxquelles elles se rattachent par le mont *Canigou*. Leurs diverses ramifications s'étendent dans les départemens des Pyrénées orientales, de l'Aude, de l'Ariège, et jusque dans celui du Tarn. C'est une branche des Corbières, dirigée vers le nord, qui forme la séparation des eaux entre les deux mers, et qui a servi de point de partage pour le canal de Languedoc. Cette dernière chaîne, connue sous le nom de *montagne de St.-Félix*, se prolonge devant l'extrémité occidentale de la *montagne Noire*, et peut être considérée comme formant la nuance ou la transition entre les Pyrénées et les Cévennes. Quant aux *montagnes Noires*, elles ne sont qu'un prolongement des Cévennes, ou, pour mieux dire, l'extrémité d'un des adossemens des montagnes de l'Ardêche. Leur direction est du nord-ouest au sud-est. Elles viennent se terminer devant la ville de Revel, et, avec elles, se termine en cet endroit la séparation des deux versans généraux entre l'Océan et la Méditerranée, séparation qui se continue vers le midi, au moyen de la chaîne des Corbières dont nous venons de parler. La *montagne Noire* doit son nom à l'aspect que lui donnent les bois dont elle est couverte, et sa couche végétale noircie par leurs détritus accumulés. Cette montagne est granitique, tandis que le prolongement des Corbières, qui se présente au devant d'elle, est calcaire. C'est dans la grande vallée, que laissent entre elles les pentes opposées de la montagne Noire et des Corbières, que coulent les rivières de *Fresquel* et *d'Aude*, et qu'a été dirigée, le plus souvent à mi-côte, la partie orientale du canal de Languedoc.

Page 5. — Note 9.

On croit que Charlemagne fut le premier de nos rois qui conçut le dessein d'opérer la jonction des deux mers par le Languedoc et l'Aquitaine. Mais il ne trouva personne qui eût la capacité ou le courage d'entreprendre ce grand ouvrage. Sous le règne de François Ier on nomma, pour le même objet, des commissaires qui se transportèrent à Toulouse en 1539, consultèrent des experts, et firent dresser des plans dont l'exécution fut reconnue impraticable. Ce dessein fut de nouveau proposé dans le conseil de Charles IX, et ce fut toujours en vain. Henri IV et Sully s'en occupèrent très-sérieusement. Il existe encore une lettre écrite au monarque par le cardinal de Joyeuse, archevêque de Narbonne, le 2 octobre 1598, dans laquelle il lui rend compte des recherches qu'il a faites dans le pays à ce sujet. Sans doute on fut encore effrayé des difficultés, puisque six ans après (en 1604), on voit le connétable de Montmorency, gouverneur du Languedoc, ordonner un nouvel examen des lieux et des moyens d'y construire un canal. Il paraît que celui de Briare, qu'on entreprit à cette époque, et qui intéressait de plus près la capitale, détourna l'attention du ministère, et fit oublier l'autre projet. Sous le règne suivant, en l'année 1614, les députés de la province présentèrent, toujours pour le même objet, une requête aux États-Généraux, et pressèrent Louis XIII d'envoyer des commissaires pour faire exécuter l'ouvrage. Mais cette démarche, une proposition faite, en 1617, par un nommé *Bernard Aribal*, d'entreprendre les travaux, un projet formé en 1632 par le cardinal de Richelieu, et d'autres tentatives postérieures, demeurèrent encore sans effet. Selon la plupart de ces projets, on prétendait tout simplement unir l'Aude et la Garonne dans les points de leurs cours qui se rapprochent le plus, et faire seulement un canal de jonction d'une quinzaine de lieues, dérivé de l'un des deux fleuves. Il eût donc fallu, vu la disposition topographique des lieux, faire rétrograder les eaux, les élever avec des machines, les contraindre de couler à contre-mont jusqu'à une hauteur considérable, et combattre ainsi toutes les lois de l'hydrostatique. Dans le devis présenté sous François Ier, par exemple, on voulait, en dérivant les eaux de la

Garonne, à une demi-lieue au-dessus de Toulouse, pouvoir les conduire dans l'Aude par *Montgiscar*, *Villefranche*, *Avignonet*, *Naurouse*, etc. Pour que le canal dérivé pût atteindre ce dernier niveau, il fallait supposer que le fleuve eût, dans une demi-lieue, soixante mètres de pente, ce qui est ridicule. Suivant d'autres projets moins extravagans, mais non moins illusoires, on aurait pris les eaux de *l'Ariège*, vers *Ste.-Gabelle*, et on les aurait conduites, par un canal non navigable, jusqu'aux côtes de *Pech-David*, au-dessus de Toulouse, pour leur faire alimenter le canal de jonction. D'autres voulaient opérer la communication par le Tarn, l'Agoût, le Sor, et le Fresquel qui se jette dans l'Aude; ce qui supposait qu'on rendît toutes ces rivières navigables et qu'on obviât à leurs débordemens : sans quoi le travail devait demeurer inutile. Les difficultés qu'offraient de pareils projets, ou, pour mieux dire, leur absurdité reconnue, devait nécessairement en arrêter l'exécution, quand même d'autres obstacles ne l'auraient pas entravée.

Page 6. — Note 10.

Pierre-Paul de Riquet, seigneur de Bon-Repos, naquit dans la ville de Béziers, en l'année 1604. Il était issu d'une famille noble, originaire de Florence, et établie dans la province, sous le nom de *Riquety*, du temps de Robert d'Anjou, roi de Naples. C'est de cette famille que sont descendus, d'un côté les marquis et comtes de Mirabeau, et de l'autre les comtes de Caraman.

Page 6. — Note 11.

Ecoutons ce que dit de lui l'illustre chancelier d'Aguesseau, dont le père était intendant de la province à l'époque de la construction du canal, et en suivit les travaux durant sept années consécutives.

« Monsieur de Riquet, dit-il, était un de ces hommes en qui le
» génie tient la place de l'art. Elevé pour la finance, sans avoir
» jamais eu la moindre teinture de mathématiques, il n'avait pour
» tout instrument, comme je l'ai entendu dire plusieurs fois à mon
» père, qu'un méchant compas de fer; et ce fut avec aussi peu d'instruc-
» tion et de secours, que, conduit seulement par un instinct naturel
» qui réussit souvent mieux que la science, il osa former le vaste
» projet d'unir l'Océan à la Méditerranée, par un canal de plus de
» quarante lieues : projet dont l'exécution était encore plus difficile

» par la sécheresse et l'inégalité du terrain où devait passer ce
» canal, que par sa longueur. »

(*Œuvres de d'Aguesseau*, tom. 13.)

Page 7. — NOTE 12.

Riquet paraît s'être occupé de son projet fort long-temps avant que de le rendre public. Dans un mémoire publié en 1669, par un nommé *Gaumon* (*), il est dit positivement qu'il l'avait déjà conçu depuis dix-huit ans, lorsqu'il en proposa l'exécution. On sait qu'il faisait faire sous ses yeux des opérations de nivelage dans les environs de la montagne Noire par un nommé *maître Pierre*, fils d'un fontainier de Revel. On voit encore à *Bon-Repos*, dans ses jardins, des essais en petit de sa grande entreprise, tels que des conduites d'eau, des épanchoirs, et même une montagne percée. (Voy. *Hist. des Canaux de Navigation*, par Lalande, Chap. 9.)

Page 8. — NOTE 13.

Ce fut en 1662, que Riquet, sur l'avis de M. d'Anglure, archevêque de Toulouse, présenta son plan à Colbert, dans une lettre datée du 26 novembre (**). Elle était accompagnée d'un mémoire très-circonstancié, qui prouve que dès-lors il avait parfaitement mûri ses projets. Riquet, après avoir exposé les moyens par lesquels il prétendait obtenir une quantité d'eaux supérieures suffisante aux besoins de la navigation (ce qu'on avait vainement cherché jusqu'alors), proposait trois plans différens pour la direction du Canal. Il faisait néanmoins sentir les inconvéniens qu'il apercevait dans les deux premiers, et s'arrêtait de préférence au troisième, qui fut en effet celui sur lequel furent basées les premières opérations faites pour la construction du Canal. Riquet ne se bornait pas à développer son plan; mais, afin d'assurer de tous ses moyens l'exécution de ce grand ouvrage, après avoir fait valoir les avantages sans nombre qu'en retireraient le roi et la nation, il proposait lui-même des moyens économiques pour établir les fonds nécessaires au commencement des travaux. Le roi ordonna, par un arrêt du conseil, rendu le 18 janvier 1663, que l'examen du projet fût fait

---

(*) Archives du Canal.

(**) Cette lettre est écrite du lieu de Bon-Repos. (*Archives du Canal*, A. BB. n° 4.)

sur les lieux par ses commissaires auprès des états et par ceux que les états choisirent de leur côté. Ce ne fut néanmoins qu'un an après, que cette commission fut formée. Riquet, dans cet intervalle, n'avait pas cessé de s'occuper de son grand dessein. Il en avait étudié toutes les parties avec la plus scrupuleuse exactitude. Avant la fin de l'année, il fit un voyage à la capitale. L'archevêque de Toulouse le présenta à Colbert, et, après plusieurs conférences avec ce ministre éclairé, il revint en Languedoc, où il s'occupa de préparer le travail des commissaires. Enfin, la vérification fut commencée à Toulouse le 8 novembre 1664, par lesdits commissaires, accompagnés d'experts et d'arpenteurs géomètres, et elle se termina à Béziers, le 17 janvier 1665.

Page 9. — NOTE 14.

On a vu, dans la note (8), que cette élévation de terrain qui sépare les eaux des deux mers, ou, si l'on veut, le bassin de la Garonne de celui de l'Aude, n'était qu'un prolongement des *Corbières* qui s'avançait jusque devant la montagne Noire. Ce fut sur cette chaîne que Riquet dut nécessairement placer son point de partage. Il avait d'abord projeté de l'établir près du lieu de *Graissens*, paroisse de *Saint-Félix de Caraman*. Dans cet ordre de choses, le point de partage eût été plus rapproché de la montagne Noire, et la rigole qui devait y porter les eaux de cette montagne eût été moins dispendieuse. Mais, d'un autre côté, ce lieu était trop élevé, et Riquet prévit que cette position augmenterait essentiellement pour le canal le nombre des écluses, et, par suite, les embarras de la navigation. Il se détermina donc à placer le point de partage au-dessous des pierres de *Naurouse*. On a désigné sous ce nom deux roches presque adhérentes, d'une grosseur considérable, et d'une forme assez régulière, occupant le sommet d'un monticule isolé, qui s'élève à peu de distance du lieu de *Montferrand*, et qui, de loin, ressemblent assez à ces pierres monumentales que les anciens habitans des Gaules se plaisoient à placer sur des hauteurs. C'était au pied de cette éminence, vers le midi, à l'endroit où l'on creusa le magnifique bassin de *Naurouse*, que couloit autrefois la fontaine de *la Grave*, à une hauteur d'environ 200 mètres au-dessus du niveau des deux mers. La nature elle-même semblait avoir voulu désigner ce lieu pour point de partage. Selon le rapport des experts, lors de l'examen des projets de Riquet (*du* 13 *novembre* 1664), il existait, derrière ladite fontaine, un fossé dont les eaux, en temps de pluie, descendaient moitié vers

Toulouse et moitié vers Narbonne. Aujourd'hui l'on ne trouve plus aucun vestige de la fontaine ni du fossé ; mais on voit encore, vers les extrémités du terre-plein qui renferme le bassin de *Naurouse* et la retenue du *Médecin*, l'origine de deux ruisseaux, dont l'un est un affluent du *Petit-Lers*, qui se jette dans la Garonne au-dessous de Toulouse ; et l'autre, une branche du *Fresquel*, l'un des affluens de l'Aude, dans laquelle se déchargent des épanchoirs de fond, pratiqués dans le bord oriental du bassin et au-dessous du moulin de Naurouse. Le bassin immense que Riquet construisit en ce lieu, a été entièrement creusé dans le roc, et revêtu de pierres de taille. Il a la figure d'un octogone oblong : sa longueur est de 390 mètres, et sa largeur de 292 mètres. Il contenait environ 444,000 mètres cubes d'eau, et était destiné à recevoir les eaux de la rigole, à leur donner le temps de déposer leurs troubles, et à les distribuer par deux écluses différentes sur les deux pentes opposées du canal. Les barques ont passé pendant long-temps dans ce bassin, et il était alors le véritable point de partage. Dans le premier enthousiasme de l'entreprise, Riquet voulait en faire un port magnifique, construire à l'entour de vastes magasins, et en former enfin le centre d'une ville régulière, et bâtie sur un modèle uniforme. Il voulait aussi placer au milieu du bassin la statue de Louis XIV. Ces projets ne furent point suivis, et le bassin lui-même, auquel on reprochait quelques inconvéniens, sans beaucoup de fondement peut-être, a été atterri, et planté de peupliers, qui forment aujourd'hui une île charmante, environnée par les deux branches de la rigole, qui se prolongent autour d'elle en longeant l'ancien bord du bassin. Les eaux tombent de là dans la retenue du *Médecin*, servant aujourd'hui de point de partage, par un déversoir situé à l'extrémité méridionale du bassin, et qui fournit dans son maximum 813 litres par seconde. C'est à la vue de cette cascade, qui ne cesse de couler durant les neuf mois de navigation, qu'on ne peut s'empêcher de réfléchir sur le merveilleux de ce grand ouvrage, et qu'on serait tenté, comme le père *Mourgues* (*), de répéter ces vers de Lucain :

> Fontibus hic vastis immensos concipit amnes,
> Fluminaque in gemini spargit divortia ponti.
>
> Ph., L. 42.

(*) Savant jésuite, qui fut chargé par Louis XIV de faire, avec MM. d'Aguesseau et de Lafeuille, l'inspection des ouvrages du Canal, d'abord en mai 1682, ensuite en avril 1683.

Page 10. — Note 15.

D'après ce plan si hardi et si adroitement combiné, on força des ruisseaux affluens de la Méditerranée à venir grossir une rivière tributaire de l'Océan. Ces eaux, ainsi rassemblées, durent être détournées une seconde fois, et ramenées du bassin de l'Océan dans celui de la Méditerranée, pour être enfin dérivées, à *Naurouse*, sur un tertre indécis entre les deux versans, d'où on pût les distribuer à volonté du côté de la Garonne ou de celui de l'Aude. Le petit canal non navigable qui conduit toutes ces eaux, de la montagne Noire au point de partage, est ce qu'on appelle *la rigole de dérivation*, qui se distingue en *rigole de la montagne* et *rigole de la plaine*. C'est dans le bois de *Ramondens*, près du village de *Lacombe*, sur le penchant méridional de la montagne Noire, que commence la rigole, dite *de la montagne*, après la prise de la petite rivière d'*Alzau*, dont les eaux, qui coulaient vers le midi pour aller se jeter dans le *Fresquel*, furent détournées vers l'ouest dans le lit de cette rigole qui reçoit successivement les ruisseaux de *Coudier*, *Cantamerle*, *Vernassone*, *Lampy*, *Rieutort*, et va se décharger enfin dans la rivière de *Sor*, au lieu appelé le *Conquet*. Les eaux suivent alors le lit naturel du *Sor*, jusqu'au dessous du lieu de *Durfort*, où cette rivière, ayant été détournée elle-même pour être conduite vers Naurouse, prend le nom de *rigole de la plaine*, à partir du *Pont-Crouzet*, lieu de la dérivation. A quelque distance de là, près du hameau des *Thomazes*, cette rigole se joint avec le ruisseau de *Laudot*, et reçoit ainsi les eaux du réservoir de St.-Fériol (*voyez note* 21), pour venir enfin, par mille sinuosités, se rendre avec elles dans le bassin de *Naurouse* et au point de partage du canal.

Page 11. — Note 16.

Des lettres-patentes, du 27 mai 1665, attribuèrent à Riquet la commission de faire travailler à la rigole d'épreuve. Elle fut commencée en juin, sous l'inspection de MM. de Bezons et Tubeuf, intendans de Languedoc, et entièrement terminée en moins de quatre mois, c'est-à-dire, aux premiers jours d'octobre. Elle l'eût été en septembre, si des pluies n'eussent interrompu le travail pendant quinze jours. Riquet, dès le commencement de l'ouvrage, avait trouvé les moyens de le simplifier, et imaginé, pour conduire les eaux, un procédé bien plus simple que ceux qu'on voulait d'abord employer, et qui offrait le double avantage d'épargner le temps et la dépense. « La réussite est infaillible », écrivait-il à M. de Colbert (*); « mais d'une manière toute nouvelle, et à laquelle personne n'avait pensé. Je me compte de ce nombre, car je puis vous jurer que le chemin par où je passe maintenant m'avait été toujours inconnu, quelque diligence que j'eusse faite pour le découvrir. La pensée m'en vint à St.-Germain : j'en songeai les moyens, et ma rêverie s'est trouvée juste sur les lieux : le niveau m'a confirmé ce que mon imagination m'avait dit à deux cents lieues d'ici. »

Page 12. — Note 17.

Les États de Languedoc étaient bien convaincus de l'utilité de l'entreprise ; mais ils ne purent se défendre d'une méfiance assez justifiée par l'expérience du passé. Ils craignaient que les fonds accordés pour un canal ne fussent employés à d'autres dépenses imprévues, et que leur pays, au lieu d'un nouveau port, n'eût qu'une imposition de plus. Malgré les représentations du prince de Conti, gouverneur de Languedoc (*V.* ci-dessus page 19), qui voulait les engager à faire des sacrifices, ils déclarèrent, le 26 février 1666, qu'ils ne pouvaient, pour le présent ni pour l'avenir, contribuer à la dépense des ouvrages du Canal. Ce ne fut que dans les années suivantes, lorsque l'entreprise fut assez avancée pour faire prévoir qu'elles ne serait pas abandonnée, qu'ils accordèrent libéralement des sommes considérables pour en terminer l'exécution.

Page 13. — Note 18.

M. le chevalier *de Clerville,* célèbre ingénieur, et commissaire général des fortifications sous Louis XIV, avait été chargé par le roi de rédiger le devis des travaux à faire pour la construction du Canal. Non seulement il laissa mille choses imprévues à la prudence de l'entrepreneur, mais il ne lui détermina pas toujours la route qu'il devait suivre, se reposant entièrement sur les lumières et la bonne-foi de Riquet, qui possédait déjà le titre d'entrepreneur général, même avant l'adjudication des travaux au rabais : adjudication qui n'eut lieu que comme une formalité, mais pour laquelle Riquet fit d'ailleurs les offres les plus avantageuses (**). Les travaux avaient été divisés par les devis en deux

---

(*) Lettre du 31 Juillet 1665. (*Archives du Canal.*)

(**) Consultez, pour les conditions de l'adjudication, les offres de Riquet,

parties, la première depuis la rivière de Garonne, au-dessous de Toulouse, jusqu'à celle d'Aude près de Trèbes; la seconde depuis Trèbes jusqu'à l'étang de Thau, où devait finir le Canal. Rique t demeura adjudicataire pour la première partie, le 14 octobre 1666, au prix de 3,630,000 liv.; et pour la seconde, deux ans après, au prix de 5,832,000 liv. Le gouvernement demeura chargé d'indemniser les propriétaires, des fonds de terre, et les seigneurs, des droits féodaux.

Page 13. — Note 19.

Quelqu'un lui ayant reproché de n'avoir pas attendu les inspecteurs du roi pour commencer ses travaux, il écrivait à Colbert, avec cette simplicité qui caractérisait également ses actions et ses discours (*) : « Mes conditions m'obligent et m'intéressent assez
» à la perfection de l'ouvrage, pour croire que mes intentions
» sont de le bien faire, et particulièrement celle qui me charge,
» moi et mes descendans, de l'entretien perpétuel d'icelui. A quoi
» ma passion étant jointe, il est vraisemblable que je n'épargnerai
» ni l'application, ni la dépense pour la réussite de mon dessein,
» et que l'inspecteur n'en souhaitera jamais l'achèvement et la
» fermeté au point que je dois les souhaiter moi-même. »

Riquet, en effet, avait acquis du gouvernement, pour lui et pour sa postérité, la possession du canal en forme de fief ou de domaine, ainsi que celle de ses péages dont les revenus étaient destinés à l'entretenir et à le réparer. Avant que l'adjudication lui en fût consentie, cette question avait été solennellement discutée dans le conseil souverain, savoir, s'il convenait aux intérêts de l'état que le roi retînt la propriété du Canal, ou qu'il l'abandonnât à des particuliers. On pensa qu'un ouvrage qui exigeait une attention continuelle et des dépenses journalières, ne pouvait sans inconvénient être confié à une régie publique; qu'une régie à terme rentrant dans le système des fermages lui convenait encore moins, et qu'il serait plus avantageux et plus sûr d'en laisser la conduite à un particulier, de lui en assurer la propriété pour l'attacher lui-même à la conservation de la chose, et de mettre ainsi l'intérêt public sous la sauve-garde de l'intérêt personnel. Les mêmes motifs furent sentis par les États de Languedoc, lorsque, plus de

---

les moyens économiques indiqués par lui, etc....; l'Histoire du Canal de Languedoc, par les descendans de Riquet, chap. 2, pag. 47 et suiv.

(*) De Revel, le 19 février 1667. (*Archives du Canal*, A. CC.)

cent ans après, en 1678, ils s'étaient proposé d'acquérir des descendans de Riquet la propriété du Canal; et ce sont sans doute des considérations de la même nature qui ont déterminé le gouvernement actuel à prendre des dispositions pour se défaire de cette propriété, et l'abandonner à des particuliers (*). Il paraît effectivement que, dans l'ancienne forme de régie, au moyen d'un ressort unique et toujours agissant; les affaires d'administration devaient prendre une direction prompte et rapide, que dèslors les abus devenaient presque impossibles, les améliorations étaient infaillibles et nécessaires, et l'économie de la machine entière demeurait indépendante de l'embarras des finances et des malheurs de l'état. Toutefois est-il constant que, si la vigilante sollicitude d'un gouvernement paternel a su faire disparaître la majeure partie des inconvéniens que pourrait entraîner une régie publique, nous n'en sommes pas moins redevables à la régie propriétaire de la conservation de ce grand ouvrage, de ses améliorations nombreuses, et peut-être même de son existence.

Page 13. — NOTE 20.

Le nombre des ouvriers s'éleva quelquefois à douze mille sans compter les supérieurs. Riquet les avait divisés en ateliers ou sections différentes. Chaque atelier avait un chef sous lequel étaient cinq brigadiers, et chaque brigadier conduisait cinquante travailleurs. Ces ateliers eux-mêmes furent classés par départemens dans chacun desquels était établi un contrôleur-général assisté de contrôleurs ambulans qui recevaient les états des travailleurs de la main des brigadiers et des chefs d'atelier de leur division. La marche des ouvrages était surveillée par des inspecteurs généraux qui furent quelquefois jusqu'au nombre de douze.

Page 14. — NOTE 21.

L'immense réservoir, connu sous le nom de bassin de *St.-Fériol*, fut construit au-dessus du lieu de *Vaudreuille*, dans un vallon situé au pied des forêts de *Lancastre* et de la montagne des *Campmazes*, au fond duquel coulait la petite rivière de *Laudot*, autrefois affluente de l'Océan par le *Sor*, l'*Agout*, le *Tarn* et la *Garonne*.

La vue de ce lac artificiel, assis au milieu des rochers, dans une

---

(*) Voyez cette question discutée dans l'Histoire du Canal du Midi, par Andreossy. chap. IX.

contrée déserte, a quelque chose de frappant et d'extraordinaire qui arrête et saisit le voyageur. Je ne pus moi-même me défendre d'un mouvement de surprise et d'admiration, lorsque je fus, pour la première fois, témoin d'un pareil spectacle. C'était vers le commencement de l'automne, à la fin de l'époque du chômage, quand le réservoir se trouve entièrement plein, et qu'on lâche enfin les eaux pour rétablir la navigation du Canal. J'eus le plaisir, à cette époque, d'observer successivement le jeu des premières vannes qui évacuent les eaux supérieures, et celui des énormes robinets situés beaucoup plus bas, sous les voûtes pratiquées dans l'intérieur de la digue de barrage, et par lesquels le réservoir achève de se vider. On ne sera peut-être pas fâché de retrouver ici un morceau où je rendais compte des sensations qu'avait produites en moi la vue de ce grand ouvrage de Riquet. « Quelle surprise » pensez-vous qu'on éprouve lorsque, du sommet des plateaux qui » dominent le bassin, on découvre le merveilleux aspect d'une » mer vaste et profonde, suspendue en ces lieux élevés où l'on n'a » gravi qu'avec peine, retenue toute entière par une barrière qui » en soutient l'énorme poids, et qui, cédant tout à coup à l'effort, » pourrait vomir un déluge et répandre sur les plaines inférieures » la désolation et la mort? Interrogez ceux qui vinrent visiter » ce prodigieux monument, qui mesurèrent la hauteur de cette » digue majestueuse, qui voulurent en pénétrer les sombres pro-» fondeurs, et dont l'oreille effrayée entendit gronder dans ces » voûtes souterraines le bruit formidable des ondes qui s'y frayent » un passage. Là, l'admiration se change en terreur. Les plus » grands courages s'étonnent. La nouveauté du spectacle, le rou-» lement affreux qui semble s'accroître à chaque instant, les se-» cousses violentes dont ces lourdes masses sont ébranlées, le » mouvement rapide qu'impriment à l'air des chocs si terribles, » l'impétuosité du torrent qui fuit comme l'éclair à travers les » ténèbres des voûtes, attaquent l'imagination par tant d'endroits, » qu'on ne peut se défendre d'un sentiment de crainte. Les spec-» tateurs muets se regardent à la lueur des flambeaux; on se repré-» sente le volume immense des eaux dont on n'est séparé que par » un étroit espace, et sous lesquelles on est comme enseveli; on » croit toucher au moment où les digues vont être rompues, où » les rochers vont crouler et vous engloutir; et, pour écarter ces » redoutables pensées, on est contraint de se rappeler les merveilles » d'un art tout puissant, de considérer la froide assurance des » guides, et cet appareil de solidité que n'a point démenti l'expé-» rience de plus d'un siècle. »

En des temps postérieurs, lorsqu'on voulut construire le canal de Narbonne, ou, si l'on veut, de *Salelles*, afin d'opérer la communication du Canal royal avec la Robine d'Aude, on s'aperçut que le bassin de *Saint-Fériol* devenait insuffisant pour alimenter cette nouvelle branche, et on en construisit un autre sur la pente méridionale de la montagne Noire, au lieu appelé le *Pas de Lampy*, et sur le ruisseau du même nom, l'un de ceux qui fournissent la rigole *de la Montagne*. Le moulin de *Calz*, sur la rivière d'*Alzau*, et celui de *Garbette*, sur le *Sor*, près de *Durfort*, ont été aussi désignés comme propres à former de nouveaux réservoirs, dans le cas où quelque autre circonstance les rendrait nécessaires. Le bassin de *Saint-Fériol* ne recevait d'abord d'autres eaux que celles du *Laudot* et de quelques petits ruisseaux des environs, augmentées de celles qui pouvaient y aboutir dans les temps de pluie. Il communique aujourd'hui avec la *rigole de la Montagne*, qui lui est supérieure, par une saignée faite à cette rigole depuis le déversoir de *Conquet* jusqu'au lieu appelé la voûte des *Campmazes*, où commence le lit du Laudot; et reçoit, par ce moyen, le trop plein de cette rigole, qu'on y détourne à volonté, de même que les eaux fournies par le bassin de *Lampy*. Le réservoir de Saint-Fériol est situé à trois kilomètres au sud de la ville de *Revel*. Sa figure est à-peu-près celle d'un triangle scalène, dont le plus petit côté s'appuie à la digue de barrage. Sa longueur est de 1559 mètres; sa largeur, près de la digue, de 780; sa plus grande profondeur de 33 mètres. Sa superficie excède 66 hectares; l'épaisseur de la digue de barrage est de 120 mètres à la base. Le volume de ses eaux est évalué à près de sept millions de mètres cubes. Le bassin de *Lampy* en contient environ deux millions 665 mille.

La portion occidentale du canal, de Naurouse à la Garonne, et le commencement de la partie orientale, de Naurouse vers Carcassone, ne sont alimentés que par les eaux dérivées de la montagne Noire et par ses réservoirs. La portion qui s'étend de Carcassone à Béziers est fournie en grande partie par les prises d'eau des rivières de *Fresquel*, d'*Orviel*, d'*Ognon* et de *Cesse*; et le reste, enfin, depuis Béziers jusqu'à l'étang de *Thau*, n'est qu'une dérivation des rivières d'*Orb* et d'*Héraut*, dans le lit desquelles passe successivement le Canal.

Page 14. — Note 22.

On attribue à un ancien roi d'Egypte nommé *Mœris* la construction de ce fameux réservoir qui fut appelé lac *Mœris*, du nom de son auteur. Ce bassin, qu'on supposait avoir été entièrement creusé de main d'homme, avait la figure d'un canal vaste et profond. On ne s'accorde guère sur sa grandeur, mais plusieurs auteurs lui ont donné jusqu'à cinq cents milles de tour et deux cents coudées de profondeur en certains endroits. Les frais d'entretien de ce lac étaient immenses, mais aussi la pêche en était fort lucrative. Son usage était de recevoir, dans les crues trop abondantes, les eaux superflues du Nil, qui s'y rendaient par un superbe canal creusé à cet effet, et de retenir ces eaux pour les lâcher ensuite par des canaux inférieurs, quand les arrosages étaient nécessaires, ou que la crue avait été insuffisante. Des voyageurs et des curieux, à différentes époques, ont cru reconnaître des vestiges de ce monument célèbre ; mais tous ne s'accordent pas sur sa position. Il paraît cependant que l'opinion la plus généralement reçue le place sur la rive occidentale du Nil, aux environs des pyramides, dans le lieu appelé *Bahar-Iuseph*, ou canal de Joseph.

Page 17. — Note 23.

Pendant que les travaux du Canal avançaient par les soins de Riquet, Louis XIV était occupé de guerres contre l'Espagne, l'Empereur, la Hollande, l'Angleterre, la Suède et le Danemarck. Il prit la Hollande, la Franche-Comté, la Flandre ; gagna sur terre les batailles de Senef et de Cassel, et sur mer la bataille de Palerme. Enfin, il força toutes les puissances de l'Europe à recevoir la paix à Nimègue.

Page 18. — Note 24.

Pour faire franchir au Canal le lit des rivières, des torrens ou des ruisseaux qui se rencontrent sur sa route, on a construit des ponts-aquéducs sous lesquels coulent les eaux sauvages, tandis que le Canal lui-même passe par-dessus avec ses chemins de hâlage, comme ferait une grande voie publique ; ce qui présente en divers lieux le singulier spectacle de deux fleuves se croisant à angles droits, en gardant des hauteurs différentes, et sans mêler aucunement leurs eaux. La première idée des ponts-aquéducs est fort ancienne, comme on le voit par le fameux pont du Gard. Il paraît que l'application de cette idée aux canaux navigables fut faite pour la première fois en Italie en l'an 1460, dans la construction du canal de la *Martesana* (ci-dessus, note 5) qu'on fit passer sur le torrent de *Molgora* au moyen d'un pont-aquéduc de trois arches (*).

(*) Voyez *Lalande*, *Histoire des Canaux de navigation*, chap. 587 ; et le P. *Frisi*, *Traité des Rivières et Torrens*, pag. 203.

Riquet avait construit seulement trois ponts de cette nature dans toute la longueur du Canal, aux lieux où ils lui avaient paru indispensables : un sur la rivière ou le torrent de *Répudre*, et les deux autres sur les ruisseaux de *Jouarres* et de *Marseillette*. On se servait d'épanchoirs ou de vannes pour se débarrasser des autres eaux affluentes. Mais ces eaux déposant toujours dans le Canal des limons et des sables, le maréchal de Vauban, lors de sa visite en 1686, proposa d'étendre la méthode de Riquet, et fit multiplier les ponts-aqueducs. On en compte aujourd'hui jusqu'à une soixantaine. Les plus remarquables sont ceux de *Fresquel*(*), d'*Orviel*, de *Répudre* et de *Cesse*. L'aqueduc de *Sainte-Agne*, près Toulouse, construit en 1766, mérite aussi d'être cité par sa forme singulière. Le lit du ruisseau auquel il devait servir de passage s'étant trouvé trop haut à son entrée pour que le pont pût être fait dans la forme ordinaire, l'aqueduc a été pratiqué en manière de siphon renversé, ou en ligne courbe au-dessous du lit du Canal : de telle sorte cependant que l'ouverture de sortie se trouve d'un niveau beaucoup plus bas que celle d'entrée. Cette disposition semblerait devoir nécessairement faciliter les dépôts vers le milieu et finir par combler l'aqueduc en cet endroit ; mais la rapidité avec laquelle les eaux s'engouffrent dans ce conduit à raison de la différence de niveaux dont nous venons de parler, empêche que les troubles et les sables s'y arrêtent en aucune manière, et l'ouvrage, jusqu'à ce jour, n'a eu besoin d'aucune réparation essentielle.

Page 18. — Note 25.

En plusieurs endroits il a fallu creuser dans le roc le lit du Canal, quelquefois même à une profondeur considérable, pour trouver le niveau. On rencontre dans la plaine d'Argeliers une excavation pareille qui n'a pas moins de 3898 mètres de longueur. Mais, de tous les ouvrages de cette nature, il n'en est aucun qui attire l'attention des curieux comme la fameuse grotte ou voûte du *Malpas*.

Cette excavation, située vers l'extrémité orientale de la grande

---

(*) Celui-ci a été tout récemment exécuté, dans la construction de la nouvelle partie du Canal qu'on a fait passer à Carcassone. Jusqu'à présent le Canal avait traversé le Fresquel au moyen d'une chaussée, comme il traverse la petite rivière d'Ognon près d'Olonzac. Maintenant cette rivière a été détournée de son ancien lit, et vient passer sous le Canal au moyen du nouveau pont, comme font celles d'Orviel et de Cesse.

retenue (*), à peu de distance de la ville de Béziers, n'est point faite à ciel-ouvert, comme les autres. Il a fallu, pour conduire le Canal du bassin de la rivière d'Aude dans celui de la rivière d'Orb, percer vers le milieu de sa hauteur la montagne ou butte d'*Encerune*, sur une longueur de 166 mètres, une largeur de 7 mètres 14 centimètres, et une hauteur de plus de 9 mètres. Riquet s'était contenté de pratiquer le passage et de s'ouvrir un chemin en creusant dans le roc vif, sans revêtir d'aucune maçonnerie ni les parois, ni le ciel de la voûte. Mais, dans la suite, l'action de l'air et de l'humidité ayant dégradé cette voûte naturelle, et les filtrations continuelles, occasionnées par les pluies, ayant fait craindre quelque événement, on résolut de la soutenir au moyen d'un corps de charpente qui ne dura lui-même qu'une dizaine d'années, et qu'on a enfin remplacé par une voûte en pierres de taille surmontée dans sa longueur de 25 murs de refend qui soutiennent le ciel primitif de cette espèce de carrière, et sont établis eux-mêmes sur des arceaux faisant partie de la voûte artificielle : de telle sorte qu'il reste, entre l'*extrados* de cette voûte et le massif de la montagne, un intervalle d'environ deux mètres, qui est demeuré vide, et qu'on peut parcourir à l'aide de petites ouvertures ménagées à cet effet dans les murs de refend. L'excavation du *Malpas*, à l'entrée et à la sortie, a dû nécessairement être à ciel-ouvert jusqu'au point où la montagne se trouvait assez élevée au-dessus du niveau du Canal pour qu'on y pratiquât un passage souterrain. Dans le corps de la même montagne d'*Encerune*, et à 15 mètres 592 millimètres au-dessous de la grande excavation, passe un autre conduit souterrain d'une construction fort ancienne, et qui a pu donner à Riquet la première idée de son ouvrage. C'est un acquéduc destiné à faire écouler les eaux de l'étang de *Montady*, qui se trouve à une petite distance au nord-est du *Malpas*, et à les porter dans l'étang de *Capestang* vers le midi, dont le niveau est plus bas. Cet aquéduc coupe obliquement la

---

(*) On donne le nom de retenue ou de reculade à une étendue de canal comprise entre deux corps d'écluse. C'est ce qu'on appelle un *biez* dans le canal de Briare. La *grande retenue*, ou retenue de *Fonseranes*, dont il est ici question, s'étend de l'écluse d'*Argens* à celle de *Fonseranes* près Béziers, sur un développement de 53,748 mètres. Cette retenue est la plus considérable du Canal, qui, dans cette portion seule, est traversé de 15 aquéducs, elle fournit les eaux du canal de Narbonne, ou, pour mieux dire, de *Salelles*, et reçoit par une rigole la prise d'eau de la rivière de *Cesse*.

direction du Canal, sous la voûte même, et reçoit les eaux d'un épanchoir qui a été pratiqué en ce lieu (*).

Le nom de *Malpas* (mauvais pas) est venu, selon quelques-uns, d'un cabaret assez mal famé qui existait autrefois non loin de là, sur le grand chemin de Narbonne à Béziers. L'historien du Canal du midi, Andréossy, lui donne une autre origine (*voy*. chap. 2, §. 3). Mais la chose, au reste, est de très-petite importance.

Page 18. — Note 26.

Il n'est personne qui ne connaisse le mécanisme des écluses, et qui ne sache de quelle manière, au moyen de deux portes et d'un bassin ou sas, elles font monter ou descendre les barques d'un niveau à un autre. L'écluse de *Fonseranes*, près de Béziers, l'un des ouvrages les plus remarquables du Canal, est composée de huit sas accollés ou placés l'un au-dessus de l'autre, qui forment une cascade de 297 mètres et demi de longueur, sur 21 mètres de chûte. Par le moyen de ces huit bassins et de leurs portes, le Canal, amené sur les côteaux qui s'étendent au midi de Béziers, descend au niveau de la plaine et presque à celui de la rivière d'*Orb*, qu'il traverse à peu de distance de là, après l'écluse de *Notre-Dame*. Le jeu de ces huit écluses au passage des barques, le bruit et l'agitation des eaux, la facilité avec laquelle les bateaux parviennent au haut de cette cataracte artificielle, offrent un spectacle vraiment curieux aux étrangers qui parcourent le Canal pour la première fois.

Page 18. — Note 27.

Le canal, après avoir traversé la rivière d'Héraut au-dessus de la ville d'Agde, vient déboucher dans l'étang de Thau, vers l'extrémité méridionale de cette grande lagune. Les barques descendent du Canal au niveau de l'étang par l'écluse dite du *Bagnas*. Au moyen

---

(*) On a cru pendant long-temps que cet aquéduc de *Montady* était un ouvrage des Romains; mais il est enfin prouvé que le desséchement de l'étang de *Montady*, qui forme aujourd'hui une très-belle plaine, fut entrepris vers le milieu du treizième siècle par les propriétaires mêmes de cet étang. L'aquéduc est construit à la sape, et revêtu d'une voûte en maçonnerie à l'entrée et à la sortie seulement. Il a un mètre et demi de largeur, et deux mètres à-peu-près de hauteur, sur une longueur d'environ 1364 mètres. Au sortir de l'aquéduc, les eaux suivent une rigole qui les conduit dans l'étang de *Poilles*, qui n'est qu'un prolongement de celui de *Capestang* (*Caput stagni*).

d'une digue terminée par une jetée qui sert de chemin de hâlage, le lit du canal se prolonge dans l'étang à la distance de 247 mètres. De l'extrémité de cette digue, les barques se rendent à la voile, sur une étendue de 14 kilomètres, jusqu'à l'entrée d'un canal conduisant au port de Cette, qui se trouve à l'est, entre l'étang de Thau et la Méditerranée. C'est à ce port, dont la construction fut aussi dirigée par Riquet, que se termine entièrement la navigation du canal de Languedoc. On compte, depuis la jonction du Canal avec la Garonne jusqu'à son embouchure dans l'étang de Thau, environ 25 myriamètres : ce qui fait à-peu-près 54 lieues de France de 25 au degré, et une quarantaine de lieues du pays, où l'on fait les lieues de 3,200 toises. Dans cet espace, le Canal est traversé en différens endroits par 103 ponts, passe lui-même sur 60 ponts aqueducs, et présente 62 corps d'écluses formant 100 sas ou bassins, et 168 portes, auxquelles il faut ajouter 7 demi-écluses, ou portes isolées sans bassin : ce qui fait en tout 185 portes.

Ce grand ouvrage fut terminée en quinze années. Il coûta de 16 à 17 millions, en réunissant les sommes fournies par le roi, la province et l'entrepreneur lui-même. Le marc d'argent était alors à vingt-six livres.

Page 19. — NOTE 28.

Riquet mourut le premier d'octobre 1680, époque à laquelle il ne restait qu'environ une lieue du Canal à faire, près du *Sommail*, à deux lieues de Narbonne. Il avait eu soin d'associer à ses travaux un de ses enfans, dans lequel il voulait trouver un successeur et un autre lui-même, en cas de mort ou de maladie. Ce fut Jean-Mathias Riquet de Bon-Repos, maître des requêtes, et président à mortier au parlement de Toulouse, qui, animé du même zèle que son père, se hâta d'achever ce reste d'ouvrage, aidé de son frère cadet, P. Paul de Riquet, comte de Caraman, capitaine aux gardes, et depuis lieutenant général des armées du roi; et de MM. de Grammont, baron de Lanta, et de Lombrail, trésorier de France, tous deux gendres de Riquet. Les travaux terminés, M. de Bon-Repos pria le roi d'en ordonner la vérification, et de faire estimer en même temps les ouvrages extraordinaires, afin d'en régler la liquidation. Cet examen fut fait par MM. D'Aguesseau, de La Feuille, et le père Mourgues, jésuite et mathématicien. Ils partirent de Béziers, le 2 mai 1681, et firent la visite du Canal à sec jusqu'à son embouchure dans la Garonne. Ils visitèrent aussi les rigoles de dérivation et le bassin de Saint-Fériol. M. D'Aguesseau, pendant la marche, donnait des ordres pour qu'on mît l'eau dans le Canal ; et, dès qu'il fut rempli, on y fit la première navigation, le 15 mai 1681. Le 18, les commissaires du roi furent joints à Castelnaudary par le cardinal de Bonzy, archevêque de Narbonne, accompagné de plusieurs évêques, et autres personnages considérables de la province. Une cérémonie religieuses eut lieu pour l'inauguration du Canal ; après quoi on monta sur des barques magnifiquement décorées, dans une desquelles était placé un orchestre, et dans une autre la cuisine et l'office, et on suivit le canal à petites journées jusqu'à l'étang de Thau et au port de Cette. Vingt-trois barques de la Garonne formaient le cortége ; elles étaient chargées de marchandises françaises, hollandaises, et anglaises, destinées pour la foire de Beaucaire. A mesure qu'on cheminait, les commissaires sondoient l'eau d'espace en espace, et dressaient un procès-verbal de l'état du Canal. La nouveauté du spectacle avait attiré sur leur passage une multitude prodigieuse qui couvrait les deux rives et faisait retentir ses acclamations. Les Mémoires du temps donnent la description des fêtes brillantes qui eurent lieu en cette occasion. L'enthousiasme fut général. Le Canal et son auteur furent célébrés en prose et en vers, et on fit plusieurs relations de cette navigation solennelle, qui furent imprimées, et répandues dans toute la France.

Page 21. — NOTE 29.

Dans l'intérieur du magnifique hôtel de ville de Toulouse, connu sous le nom de *Capitole*, et au milieu du corps de bâtiment qui forme la façade extérieure, est une vaste pièce, d'une architecture simple, mais majestueuse, à laquelle on a donné le nom de *Galerie des Illustres.* C'est autour de cette superbe salle, dans laquelle les deux Académies tiennent leurs séances publiques, que sont disposés sur plusieurs rangs, et dans des niches pratiquées à cet effet, les bustes des citoyens qui, par leurs talens et leurs vertus eurent des droits à la vénération de leurs compatriotes. La plupart de ces morceaux de sculpture sont dus à des artistes du premier mérite. Une courte inscription, placée au bas de chaque buste, présente le nom du personnage, et ses droits à l'hommage public qu'il a reçu de ses concitoyens. Le voyageur charmé retrouve avec plaisir, parmi ces noms, ceux de plusieurs hommes justement célèbres dans la magistrature, dans les sciences et dans les lettres. Il y a toujours des places préparées pour en attendre de nouveaux.

Dans le lieu le plus apparent de la galerie, la ville de Toulouse a fait placer le buste de Napoléon le Grand. La grandeur et la matière de ce buste, les riches bas-reliefs qui l'entourent, le lieu dans lequel il est élevé, et l'inscription votive qui l'accompagne, le distinguent avantageusement des autres bustes qui l'environnent, et qui semblent former une cour vénérable autour de la représentation du héros. Le tout compose un spectacle vraiment digne d'attirer l'attention des curieux; et, en se rappelant les institutions respectables auxquelles cette antique demeure a été consacrée, ils relisent avec plaisir cette inscription placée sur la porte d'entrée au fond de la première cour du même hôtel de ville :

HIC THEMIS DAT JURA CIVIBUS,
MINERVA PALMAS ARTIBUS,
APOLLO FLORES CAMÆNIS.

C'est sous cette même porte d'entrée, et devant la statue d'Henri IV, qui subsiste encore, et qui a été récemment restaurée, que fut décapité le fameux connétable de Montmorency.

FIN.

www.ingramcontent.com/pod-product-compliance
Lightning Source LLC
Chambersburg PA
CBHW070709050426
42451CB00008B/565